BEI GRIN MACHT SICH IHR WISSEN BEZAHLT

AF168102

- Wir veröffentlichen Ihre Hausarbeit, Bachelor- und Masterarbeit

- Ihr eigenes eBook und Buch -
  weltweit in allen wichtigen Shops

- Verdienen Sie an jedem Verkauf

Jetzt bei www.GRIN.com hochladen und kostenlos publizieren

Das Arbeiten in einem Team.
Eine praktische Projektstudie

Fereshta Hamidzada

Bibliografische Information der Deutschen Nationalbibliothek:

Die Deutsche Nationalbibliothek verzeichnet diese Publikation in der Deutschen Nationalbibliografie; detaillierte bibliografische Daten sind im Internet über http://dnb.d-nb.de abrufbar.

ISBN: 9783346386748
Dieses Buch ist auch als E-Book erhältlich.

Druck und Bindung: Books on Demand GmbH, Norderstedt Germany
Gedruckt auf säurefreiem Papier aus verantwortungsvollen Quellen

Das vorliegende Werk wurde sorgfältig erarbeitet. Dennoch übernehmen Autoren und Verlag für die Richtigkeit von Angaben, Hinweisen, Links und Ratschlägen sowie eventuelle Druckfehler keine Haftung.

Das Buch bei GRIN: https://www.grin.com/document/990867

Fachhochschule für angewandtes Management in Erding

Fachbereich: Wirtschaftspsychologie

Sommersemester 2017

Studienarbeit im Kurs:

Projektstudie Wissenschaftliche Exkursion

vorgelegt von

Fereshta Hamidzada

8.Semester

Tag der Einreichung:

28.08.2017

Inhaltsverzeichnis

Abbildungs- und Tabellenverzeichnis

Anhangsverzeichnis

1. Einleitung

Die vorliegende Arbeit im Kurs Projektstudie- Wissenschaftliche Exkursion, befasst sich mit der praktischen Umsetzung einer Aufgabenstellung, die in einer Gruppenarbeit gemeistert werden soll. Um eine Einführung in das Thema sowie Hintergrundinformationen zu erhalten, werden zunächst einmal, die genaue Problemstellung sowie Auftragsklärung des Auftraggebers System worx erläutert, sowie die genaue Teamzusammensetzung dargestellt. Anschließend wird auf den Lernziel der Gruppe sowie meiner eigenen eingegangen. Danach werden die Phasen der Teamentwicklung erörtert und auf die einzelnen Teammitglieder transferiert. Nachdem das Unternehmen, der Projektauftrag sowie das Team vorgestellt wurde, widmen wir uns in den weiteren Abschnitten den Kompetenzbereichen zu. Dieser gliedert sich in die fachliche, methodische und soziale Kompetenz. Zum Schluss werden die Lernergebnisse dieses Projektes zusammengefasst und auf zukünftige Aufgabestellungen übertragen.

2. Projektauftrag/ Projektseminar

2.1 Ausgangslage und Auftragsklärung

Zu Beginn des Kurses bekamen wir eine Einführung zum Thema „Wissenschaftliche Exkursion" anschließend sollten wir uns zu einem Team zusammensetzen. Gegen 11 Uhr vormittags erschienen unsere Auftraggeber der Firma System worx. Diese kooperierten bereits auch in der Vergangenheit mit unserer Fachhochschule. Nachdem sie uns ihr Anliegen in Form von zwei unterschiedlichen Projektaufträgen näher brachten, entschieden mein Team und ich uns für den Auftrag „Einführung digitaler Medien in Workshops und Weiterbildung".

Unsere Aufgabe bestand darin, Lerninhalte des Trainings digital aufzubereiten und zu entscheiden, welche dieser Inhalte vor, nach und während des Trainings bearbeitet werden sollen. Dieser Kurs unterteilte sich in drei Präsenzphasen. Während in der ersten Präsenz die Auftragsklärung, Teamzusammensetzung sowie weitere Schritte geplant wurden, sollten wir in der zweiten Präsenz eine Zwischenpräsentation unserer Ergebnisse vorstellen. In der dritten Präsenz, fand dann unsere finale Präsentation statt sowie eine Empfehlung unsererseits.

2.2 Zusammensetzung des Teams

Wie und wer sich zu einem Team zusammenschließen soll, entschied nicht unser Dozent, sondern überlies es voll und ganz uns, aus einer Art Eigeninitiative heraus, zu entscheiden. Mir waren sofort einige Kommilitonen im Vorfeld sehr sympathisch, da ich mich bereits vor dem Beginn des Kurses mit ihnen unterhalten habe. Dementsprechend viel es mir nicht schwer, mich für ein Team zu entscheiden. Unser Team bestand insgesamt aus sechs Mitgliedern.

Diese Mitglieder waren folgende:

> A.P (Feelgood Manager)
> C.K (Stellv. Projektleiterin)
> F.K (Konfliktlöser)
> F.H (Kommunikationsleiterin)
> I.S (Stellv. Kommunikationsleiter)
> I.H (Projektleiterin)

Mein Team und ich stellten gleich zu Beginn einige Regeln für unsere zukünftige, erfolgreiche Zusammenarbeit auf:

> Wir lassen jeden aussprechen
> Probleme müssen immer klar und direkt angesprochen werden
> Wir sind von Beginn an ehrlich zueinander
> Wir liefern immer pünktlich und zuverlässig unsere Arbeitspakete
> Arbeitspakete von erkrankten Teammitgliedern werden auf alle anderen gleichmäßig und fair verteilt

Während unserer Zusammenarbeit durchlief unser Team verschiedene Phasen. Zu Beginn waren wir alle sehr motiviert. Wir standen am Anfang des Kurses und haben uns alle auf die neue Herausforderung gefreut. Die anfängliche Euphorie, wurde dann im Laufe der weiteren Wochen durch einige Konflikte und Missverständnisse, immer kleiner. Es hat sich mit der Zeit herausgestellt, dass das Teammitglied A.P, das Projekt nicht mehr als allzu Wichtig empfand und letztlich fast nichts mehr für die Teamarbeit beigetragen hat. Dies erschwerte die Zusammenarbeit zwischen dem Team und A.P erheblich und führte zu Diskussionen und Auseinandersetzungen, wodurch die Projektarbeit nicht selten litt. Trotz der Erschwernisse zogen der Rest des Teams und ich an einem Strang, um das Projekt erfolgreich zu Ende zu bringen.

2.3 Lernstil der Gruppe

Während der Erarbeitung des Projektes, verfolgte die Gruppe keinen spezifischen Lernstil.

Jeder in der Gruppe hatte seine individuellen Vorlieben an ein Thema heranzugehen. Wir sahen keine Wichtigkeit bzw. Notwendigkeit darin, uns an einem vorgegebenen Lernstil zu orientieren, vielmehr setzen wir den Fokus darauf, mit der uns verbleibenden Zeit, ein erfolgreiches Projekt voranzubringen. Wir nutzen ehr die Vielfalt der unterschiedlichen Lernstils unserer Gruppe, zu unserem Vorteil. Jeder wusste, wie er am besten an einer Problemstellung herantreten muss, um diese so effektiv und effizient wie möglich zu lösen. Wir ließen uns gegenseitig Raum, um uns mit der Aufgabenstellung erst mal alleine auseinanderzusetzen. Anschließend führten wir alle Ausarbeitungen zusammen und entschieden gemeinsam, welches wir verwenden und welche nicht. Mit dieser Methode sind wir bis zum Schluss gefahren und haben dadurch ein erfolgreiches Projekt präsentieren können, welches auf Basis unserer individuellen Inhalten mit individuellen Herangehensweisen und Lernstils, entstanden sind.

2.4 Eigener Lernstil

Meinen eigenen Lernstil, schätze ich als sehr systematisch ein. Ich denke sehr zielorientiert und filtere schnell unwichtige Elemente aus. Ich denke gerne im Team und versuche Ideen und Anregungen von Teammitgliedern, die für mich Sinn machen und schlüssig sind, aufzunehmen. Ich bin gerne dafür offen, mich des besseren Belehren zu lassen. Ich füge mich auch gerne im Team ein und mache Vorschläge und sammle Ideen. Ich erachtet es als sehr wichtig, Themen gemeinsam im Team anzusprechen und zu bearbeiten. Denn oftmals hat man eine festgefahrene Meinung über bestimmte Dinge und das Team hilft einem, den Sachverhalt aus unterschiedlichen Perspektiven zu betrachten. Das gibt mir zum einen die Möglichkeit mein Wissen zu erweitern und meinen eigenen Lernstil zu optimieren und zum anderen offener gegenüber anderen Ideen und Meinungen, zu bleiben. All diese Eigenschaften kreuzen sich mit der des Action Learning. Daher würde ich meinen eigenen Lernstil mit dem des Action Learning identifizieren. Bisher habe ich sehr erfolgreich Problemstellungen mit dieser Methode bewältigt und würde dies auch für die Zukunft beibehalten.

3. Reflexion des Projekts nach Kompetenzbereichen

Nachdem im vorherigen Abschnitt die Ausgangslage sowie die Teamzusammensetzung erörtert wurde, widmen wir uns in diesem Kapitel den fachlichen, methodischen und sozialen Kompetenzbereichen zu. Für eine bessere Übersichtlichkeit, wurden die fachlichen und methodischen Kompetenzen in den einzelnen Präsenzphasen unterteilt und erläutert.

3.1 Fachliche Reflexion des Projekts und der Projektergebnisse

Bevor wir die fachlichen Reflexionen des Projektes darstellen, wird zunächst einmal erörtert was die fachliche Kompetenz eigentlich ist.

Unter der fachlichen Kompetenz, „(…) versteht man die Befähigung und Bereitschaft, Aufgaben und Probleme mit Hilfe fachlicher Kenntnisse und Fertigkeiten zielorientiert, sachgerecht und selbstständig zu bewältigen sowie das Ergebnis zu beurteilen." (http://www.kompas.bayern.de/userfiles/infokompetenz.pdf)

1.Präsenzphase

Aus fachlicher Sicht waren wir unter den gegebenen Umständen meiner Meinung nach gut aufgestellt. Man muss hier jedoch anmerken, dass wir zum ersten Mal mit so einer Aufgabe konfrontiert wurden und vor dem Kurs nicht wussten was uns erwartet. Der von uns ausgewählte Auftrag wurde von uns genauestens analysiert und entsprechende Fragen dazu gleich notiert. Wir machten eine Art „Brainstorming" was wir zu diesem Thema bereits gewusst und gekannt haben. Anschließend teilten wir die entsprechenden Arbeitspakete gerecht untereinander auf und jeder bekam das Arbeitspaket, für dessen Bearbeitung er sich auf Grund seiner Stärken, am besten geeignet sah. Meine Aufgabe war es eine Konkurrenzanalyse aufzustellen sowie nach Plattformen zu recherchieren, welche Trainingskonzepte in digitaler Form anbieten und herauszufinden was die Vor- und Nachteile dieser Plattformen sind und wie diese preislich aufgestellt sind. Durch die unterschiedlichen Stärken meiner Teamkollegen und mir, ergaben sich eine ziemlich gute Zusammenarbeit sowie eine schnelle und unkomplizierte Arbeitsteilung gleich von Beginn an.

Trotz der guten und reibungsfreien Zusammenarbeit hatten wir hier und da ein paar Zweifel, ob wir tatsächlich die richtige Richtung mit der Bearbeitung des Auftrages eingeschlagen haben. Um uns zu vergewissern, dass wir den Projektauftrag auch richtig verstanden haben, stellten wir anschließend unserer Auftraggeberin einige Fragen. Zum Schluss der ersten Präsenzphase hatten wir ein gutes und sicheres Gefühl mit unserer weiteren Vorgehensweise.

Gruppenarbeit zwischen der 1. und 2.Präsenzphase

Für die weitere Interaktion zwischen den Teammitgliedern, richteten wir eine Whatsapp Gruppe ein. Aufgrund der im Vorfeld genauen Einteilung der Arbeitspakete, wusste jeder von uns was zu tun ist und so war ein zusätzliches Treffen diesbezüglich nicht notwendig. In regelmäßigen Abständen schrieben wir uns gegenseitig in dieser Gruppe und hielten uns auf dem Laufenden und klärten aufkommende Fragen. Wir erstatteten uns gegenseitig immer

Bericht, wie weit wir bei der Bearbeitung der jeweiligen Arbeitspakete bereits waren und erinnerten uns gegenseitig an die Deadline zur Abgabe dieser Pakete, damit dieser von unserer Projektleiterin I.H rechtzeitig zu einer Präsentation zusammengeführt werden kann. Nachdem ich mein Arbeitspaket erhalten habe, lies ich die Sache etwas schleifen, da ich gedacht habe, es würde sehr schnell gehen, all diese Infos herauszufinden. Allerdings habe ich dann gemerkt, dass es doch besser gewesen wäre sich früher um die Recherchearbeit zu kümmern. Es hat mich dann doch mehr Zeit und Nerven gekostet die Konkurrenzanalyse sowie die Plattformen aufzustellen, als wie ich gedacht habe. Es war nicht so einfach an all diese Informationen einfach so ranzukommen. Ich musste sogar einige Anbieter anschreiben, weil dessen Informationen, wie z.B. die Preise, nicht online auffindbar waren. Dadurch entpuppte sich die Arbeit als aufwendiger und anspruchsvoller als wie ich gedacht habe.

Hätte ich rechtzeitig angefangen, hätte ich mir eine Menge Stress ersparen können und womöglich noch intensiver und genauer recherchieren können und dadurch noch mehr Informationen einholen können, welches dann letztendlich zu einer besseren Präsentation geführt hätte. Ich habe die Arbeit unterschätzt und die vorgegebene Zeit nicht richtig ausgenutzt. In dieser Phase habe ich ebenfalls als Kommunikationsleiterin, die entsprechenden Set-Daten an unsere Auftraggeberin geschickt.

2. Präsenzphase

In der zweiten Präsenzphase waren wir alle fachlich gesehen deutlich besser aufgestellt. Jeder bearbeitete bis dahin seine Arbeitspakete und schickte diese rechtzeitig an I.H damit diese, die Präsentation erstellen konnte. Durch die intensive Recherche bekamen wir alle ein umfangreiches Wissen wie auch Verständnis für unseren Auftrag und unsere Auftraggeber.

Wir gingen alle gegenseitig unsere Ergebnisse durch und tauschten uns aus. Dadurch gelang es uns, uns in die Themen bzw. Aufgabenpakete jedes Teammitgliedes einzulesen und gleichzeitig auch einen genaueren Überblick über die anderen Bereiche zu bekommen. Wir profitierten alle von diesem Informationsaustausch und konnten ein Gesamtverständnis für den Auftrag entwickeln. Wir erstellten die Präsentation unter der Führung von I.H größtenteils zusammen und achteten auf eine einheitliche Form.

Am nächsten Tag der zweiten Präsenzphase hielten wir die Präsentation. Wir haben uns zuvor alle entschieden das nur zwei Teammitglieder die Zwischenpräsentation halten sollen, damit nicht zu viel Unruhe während dem präsentieren entsteht.

Die jeweiligen Teammitglieder I.H und C.K haben es sehr gut präsentiert und alles ausführlich, schlüssig und sehr authentisch rübergebracht. Nach der Präsentation mussten wir alle jedoch mehr Kritik einstecken als wir erwartet haben. Einige der Punkte sollten ausführlicher gestaltet und auf bestimmte Inhalte konkreter eingegangen werden. Ebenfalls sollten mehr Plattformen zum Vergleich herangezogen, sowie eine klare Empfehlung für das Unternehmen System worx ausgesprochen werden. Nach dem Feedback haben wir uns wieder zusammengesetzt und die weiteren Schritte für die Hauptpräsentation geplant sowie die neuen Arbeitspakete aufgestellt und auf die einzelnen Teammitglieder verteilt. Wir haben gemerkt, dass wir den Auftrag zu oberflächlich bearbeitet haben und von uns mehr Tiefe erwartet wurde. Ebenfalls ist mir, während des Feedbacks seitens des Auftraggebers, aufgefallen, dass wir uns bis auf I.H und C.K, mit den Themen der jeweiligen Teammitglieder zu wenig auseinandergesetzt haben. Wir haben während dem Feedback nicht genau gewusst, was nun die Auftraggeber genau an den Themengebiet des anderen Teammitgliedes bemängelt haben. Hätten wir ein tieferes Wissen über alle Themengebiete gehabt, hätten wir mehr mit dem Feedback anfangen können. Für die Hauptpräsentation sollten wir uns alle mit allen Themengebieten gut auskennen und uns noch intensiver austauschen, damit dies nicht mehr passiert. Es wurde ebenfalls bemängelt, dass ein zu geringer Austausch zwischen meinem Team und dem Auftraggeber stattgefunden hat. Dies habe ich zu verschulden, denn ich bin die Kommunikationsleiterin. Für die Hauptpräsentation habe ich mir fest vorgenommen den Auftraggeber mehr auf dem Laufenden zu halten und ihn über unsere Schritte zu informieren.

Gruppenarbeit zwischen der 2. und 3.Präsenzphase
Der Austausch zwischen uns Teammitgliedern war in dieser Zeit deutlich intensiver als wie davor. Wir haben uns bei jedem Schritt und jede Veränderung gegenseitig informiert und auf dem neusten Stand gebracht. Da unsere Zwischenpräsentation nicht zu unserer Zufriedenheit verlief, haben wir uns umso mehr bemüht.

Das harte Feedback hat uns für eine kurze Zeit demotiviert und uns aus dem Konzept gebracht, jedoch haben wir uns schnell wieder gefangen und mit großem Engagement weiter gemacht. Wir haben versucht alle Änderungswünsche zu beherzigen und richtig umzusetzen. Der erste Schritt dabei, war mit der Auftraggeberin alle Änderungswünsche nochmals ausführlich zu besprechen, dieser erfolgte über einen E-mailverkehr zwischen mir und unserer Auftraggeberin. Einer der Kritikpunkte unserer Zwischenpräsentation war der fehlende theoretische Hintergrund zu dem Auftrag, daher war meine Aufgabe, einen theoretischen Ansatz zu den Stufen und den Grenzen der Digitalisierung herauszuarbeiten und wenn möglich nach einer kleine Studie dazu, zu recherchieren. Die theoretische Ausarbeitung des Themas würden wir dann als Einstieg für die Hauptpräsentation wählen. Da ich aus der

Vergangenheit gelernt habe, Aufgaben nicht auf die lange Bank zu schieben, machte ich mich gleich an die Bearbeitung meines Arbeitspaketes. Ich wusste nun welche Websites ich durchforschen sollte und wie ich bei meiner Recherche aufgrund meines Vorwissens vorgehen musste, dadurch fiel es mir leichter und ich kam zu schnelleren Ergebnissen. Um die Präsentation zusammen auszugestalten, haben meine Teamkollegen und ich einen Termin und Treffpunkt vereinbart. Wir trafen uns am 12.06.17 am Vormittag bei F.K. Leider schafften es zwei unserer Kollegen nicht an dem Tag zu kommen. Als wir uns jedoch alle Dateien angeschaut haben, fiel uns auf, dass die Arbeitspakete von I.S und A.P, die an diesem Tag nicht erschienen sind, unvollständig waren. Wir sahen uns vor der Herausforderung gestellt diese unvollständigen Daten zu verwerten. Wir schrieben die beiden an und wiesen sie daraufhin, dass ihre abgelieferte Arbeit etwas dürftig sei und sie sich bitte schnellstmöglich um die Vervollständigung kümmern sollen. Trotz des kleinen Handycapes haben wir es zu viert geschafft neue Ideen und Anregungen zu sammeln und alle Arbeitspakete und Inhalte zusammenzuführen und daraus eine gute Präsentation zu gestalten. Die Präsentation war zwar noch unvollständig, jedoch bemühte sich I.S darum so schnell wie möglich sein Arbeitspaket nachzuliefern. Auf A.P jedoch konnten wir leider nicht mehr zählen, denn sie weigerte sich ihr Arbeitspaket zu vervollständigen. Uns blieb nichts anderes übrig und wir nahmen ihren unvollständigen Teil ebenfalls in die Präsentation mit auf. Wir waren dennoch zufrieden mit unserer Hauptpräsentation und wussten, dass wir das Beste draus gemacht haben. Wir haben uns diesmal ebenfalls sehr bemüht alle auf dem gleichen Stand zu kommen und alle Arbeitspakete zu kennen, damit jeder von uns in der Lage ist die Präsentation komplett halten zu können, für den Fall, dass jemand oder sogar mehrerer Teamkollegen am Präsentationstag erkranken. Alles in einem war die Zusammenarbeit zwischen uns Teamkollegen sehr produktiv, harmonisch und abgestimmt.

3. Präsenzphase

In der 3. Präsenzphase empfand ich mich selbst als fachlich sehr Fit. Ich habe mich überaus weiterentwickelt und gewann mehr an Wissen über unseren Auftrag. Durch die intensive Recherche kannte ich mich mittlerweile gut in dem Training- und Workshop Milieus aus. Ich kannte mich gut mit dem Konzept von System worx aus, kannte ihre größten Konkurrenten, wusste welche Plattformen am geeignetsten für die Umsetzung des Auftrages waren, wie viel diese gekostet haben und für welche Workshops und Inhalte die digitale Form am sinnvollsten wären. Ich konnte ebenfalls auch mit dem theoretischen Hintergrund in der Präsentation punkten. Ich konnte mir schlicht und weg durch diese Erfahrung viel Fachwissen aneignen. Ich war vom Gefühl her bestens für die Abschlusspräsentation vorbereitet und hätte für den Fall eines Ausfalls, für die Teamkollegen einspringen können. Ich sah jedoch nicht nur bei mir diese Entwicklung, sondern sie spiegelte sich ebenfalls in meinen Teamkollegen wieder. Bis auf A.P die an diesem Tag der Präsentation nicht anwesend war, waren all meine Teamkollegen bestens aufgestellt. Vor allem I.H und C.K konnten die Präsentation quasi auswendig und hätten jeder Zeit alle von uns ersetzen können und unsere Aufgabenfelder genauso gut präsentieren können wie wir selbst. Sie haben sich ein enormes Wissen über die Zeit angeeignet. Dadurch kann ich sagen, dass wir uns als fast komplettes Team fachlich gesehen sehr gut weiterentwickelt haben. Bei der Hauptpräsentation waren Frau A. und ihr Kollege von S.anwesend. Diesmal haben wir uns entschieden, dass jeder seinen eigenen Teil der Präsentation vortragen soll, da die Abschlusspräsentation im Vergleich zur Zwischenpräsentation einiges an Volumen zugenommen hat und es für nur zwei Präsentanten deutlich zu viel wäre. Wir trugen alle unseren Teil vor und merkten schon während dem präsentieren, dass wir sehr frei und sicher sprachen und unsere Präsentation sehr strukturiert, klar und leicht verständlich ablief. Anschließend kam das überaus zufriedenstellende Feedback. Es hieß wir hätten uns im Vergleich zur Zwischenpräsentation erheblich gesteigert und die erwünschten Änderungen sehr gut umgesetzt. Wir haben die fehlenden Lücken gut geschlossen. Nach dem etwas niederschmetternden ersten Feedback, haben wir uns nun umso mehr gefreut. Die größte Aufgabe war es den Projektauftrag richtig verstehen zu können und genau zu wissen was eigentlich gefragt ist. Ich habe mich immer wieder dabei erwischt wie ich beim Recherchieren vom Thema abgewichen bin und wieder zurückfinden musste. Wir hatten keine klare Anleitung, sondern mussten den Auftrag selbst richtig interpretieren und durch mehrmaliges Nachfragen darauf kommen was nun von uns verlangt wird.

Zusammenfassend kann ich sagen, dass es zwar zu Beginn einige Stolpersteine gab und wir die Aufgabe in diesem Kurs etwas auf die leichte Schulter genommen haben, jedoch sehr vorbildhaft von unseren Fehlern gelernt haben und dadurch befähigt wurden, es besser zu machen und daran zu wachsen. Alles in einem ist die Abschlusspräsentation in unseren Augen ein klarer Erfolg gewesen.

3.2 Methodische Reflexion des Vorgehens

Als methodische Kompetenz bezeichnet man „(...) die Befähigung und Bereitschaft zu zielgerichtetem, strukturiertem und effektivem Vorgehen bei der Bearbeitung von Aufgaben und Problemen. Dazu gehört es, gelernte Denkmethoden, Arbeitsverfahren, Lösungs- oder Lernstrategien fachlicher und überfachlicher Natur selbstständig anwenden, reflektieren und weiterentwickeln zu können. „ (http://www.kompas.bayern.de/userfiles/ infokompetenz.pdf)

1.Präsenzphase

Was unsere methodische Herangehensweise angeht, haben wir alle gut abgeschnitten. Gleich zu Beginn des Projektes hatten wir alle schon gute Ideen und Pläne wie die weiteren Schritte auszusehen haben. Wir analysierten die Aufgabenstellung bzw. den Auftrag von System worx, notierten alles was uns dazu eingefallen ist, sortierten die weniger guten Ideen aus und erstellten einen vorläufigen Plan. Zusätzlich notierten wir einige Fragen für die Auftragsklärung und ließen diese von Frau A. beantworten. Nachdem wir herausgefunden haben was zu tun ist, fingen wir mit der Arbeitsaufteilung an. Jedes Arbeitspaket wurde fair und unter Berücksichtigung der Stärken jedes Teammitgliedes verteilt. F.K sowie A.P aus unserer Gruppe kannten sich gut mit digitalen Medien aus, somit hatten sie die Aufgabe herauszufinden welche Arten von digitalen Medien eingesetzt werden können. I.H und C.K hatten ein gutes Gespür dafür, welche der Lerninhalte sich am besten digitalisieren lassen und arbeiteten aus den Trainingsbüchern, welches wir vom Auftraggeber erhalten haben, die entsprechenden Übungen und Lerninhalten heraus die digitalisiert werden könnten. I.S und ich wiederum beherrschten die Recherche-Tricks und Regeln am besten. Anschließend verteilten wir den Gesamtplan, welches ebenfalls die Zeitangaben beinhaltete, an alle Teammitglieder, so dass jeder auf dem gleichen Stand war. Wir erstellten eine Whatsapp Gruppe und tauschen die E-Mail Adressen für die künftige Kommunikation aus. Um den Auftrag nochmals kurz zusammenzufassen, erstellten wir einen sogenannten Steckbrief, in dem der Projektauftrag mit den nötigen Eckdaten festgehalten wurde. Allgemein kann man sagen, dass der Entscheidungsprozess in unserer Gruppe immer sehr schnell und harmonisch erfolgte.

Gruppenarbeit zwischen der 1. und 2.Präsenzphase

Die Interaktion zwischen diesen beiden Präsenzen verlief nicht wie geplant bzw. besprochen. Jeder bearbeitet zwar sein Arbeitspaket, doch der Kommunikationsfluss blieb auf der Strecke. Es war ursprünglich geplant, dass jeder das Team auf dem Laufenden hält was er bisher schon bearbeitet hat und wie weit er ist. Als Kommunikationsleiterin war ich dafür verantwortlich, den Informationsfluss zwischen meinen Teamkollegen anzuregen und aufrechtzuerhalten wie auch Frau Adorf über die

Entwicklungen zu unterrichten. Dem bin ich leider nicht gerecht geworden. Anstatt gleich mit der Bearbeitung meines Arbeitspaketes anzufangen, ließ ich es die ersten Wochen schleifen. Ich fing viel zu spät an und bemerkte, dass es doch nicht so einfach war an die nötigen Informationen heranzukommen. Ich habe nicht auf mein Zeitmanagement geachtet und geriet dadurch erheblich unter Zeitdruck. Was ich daraufhin auch auf meine Arbeitsqualität auswirkte, da ich eine Deadline für die Aufgaben hatte und dieses pünktlich abgeben musste.

2.Präsenzphase

In der zweiten Präsenz haben wir was die methodische Vorgehensweise angeht, etwas nachgelassen. Wir hatten einen tollen Einstieg gehabt und haben uns alle größtenteils an den ausgemachten Plan gehalten. Wir kamen allerdings etwas aus dem Plan raus, als das Teammitglied A.P sein Aufgabenpaket nicht vollständig abgegeben hat. Wir gerieten dadurch ins Stocken, da es unser Plan durcheinander geworfen hatte. A.P war ebenfalls auch nicht ganztags präsent, wodurch ihre Arbeit auf uns fiel. Wir teilten ihre verbliebene Arbeit unter uns auf und so haben wir es doch hinbekommen im Zeitplan zu bleiben und die Präsentation mit Hilfe der restlichen Gruppe rechtzeitig fertig zu kriegen. Da die Präsentation nicht so lang war und wir keine Unruhe stiften wollten, entschieden wir uns, nur zwei aus dem Team präsentieren zu lassen. In der Zwischenpräsentation wurden wir was die Aufteilung in Teilschritten anbelangt sowie der für unsere Idee, Workshops als Videos zu gestalten sehr gelobt. Wir sollten jedoch auf die einzelnen Punkte tiefer eingehen da die Ausarbeitung ihnen noch zu oberflächlich erschien. Nach dem Feedback ging es dann darum, die neuen Arbeitspakete bezogen auf die Änderungswünsche von Frau A., unter uns aufzuteilen. Da wir A.P nicht ausschließen, sondern sie viel mehr noch in das Team intergieren wollten, übergaben wir auch ihr zusammen mit I.S jeweils ein Arbeitspaket und zwar die Konkurrenzanalyse. I.H und C.K machten es sich zur Aufgabe tiefer auf die Lerninhalte des Workshops einzugehen und genau herauszuarbeiten welche konkreten Inhalte vor, nach und während des Workshops digitalisiert werden sollen. F.K und ich sollten uns nochmal intensiv mit den Plattformen beschäftigen, eine genau Kosten/Nutzen Tabelle aufstellen und genauer zu den theoretischen Hintergründen der Digitalisierung recherchieren. Wir behielten jedoch das gleiche Präsentationsformat bei, da wir damit bisher sehr gut gefahren sind und das Layout auch der Frau A. gut gefallen schien.

Gruppenarbeit zwischen der 2. und 3.Präsenzphase

Da ich bei der vorherigen Präsenzphase zu unachtsam mit meiner Rolle als Kommunikationsleiterin umgegangen bin, versuchte ich es jetzt umso besser zu machen. Ich fragte bei meinen Teamkollegen öfters nach, vermittelte zwischen ihnen deutlich mehr und suchte ebenfalls den Kontakt zu Frau A. Nach der zweiten Präsenzphase, schrieb ich Frau A. eine ausführliche E-Mail, in der ich all ihre Änderungswünsche nochmals aufgelistet und unserer Arbeitsaufteilung dargestellt, habe. Nachdem ich eine Bestätigung ihrerseits erhalten habe, starteten wir direkt mit der Bearbeitung unserer Aufgabenfelder. Diesmal ging ich um einiges strukturierter vor als das erste Mal. Ich fing rechtzeitig mit der Arbeit an und ging alle Punkte auf meiner Liste systematisch durch. Ich hatte mittlerweile ein gewisses Gespür entwickelt wie und wo ich recherchieren muss, um an die notwendigen Daten zu kommen. Ich arbeitete kontinuierlich und so gewissenhaft wie möglich um alles vollständig abzuarbeiten. Zum Schlusshin war ich mit meinem Ergebnis um einiges zufriedener als wie davor und geriet ebenfalls nicht unter Zeitdruck. Das ermöglichte mir ein sauberes, fehlerfreies und lückenloses Dokument mit all den Inhalten die ich ausarbeiten musste, zu erstellen. Während dieser Phase trafen wir uns bis auf A.P und I.S nochmals persönlich bei F.K und erstellten gemeinsam die Abschlusspräsentation. Wir gingen jedes Arbeitspaket nacheinander durch und integrierten es in die Abschlusspräsentation. Leider kam es hier ebenfalls vor das A.P wieder ihre Arbeit unvollständig abgegeben hat und wir keine andere Wahl hatten als dies unvollständig in die Präsentation mit aufzunehmen. Nachdem die Präsentation fertig war, schickte I.H diese an alle zu, damit wir es nochmal vor der dritten Präsenzphase durchgehen konnten und mögliche Fehler in Form von Rechtschreibfehler usw. beheben konnten.

3. Präsenzphase

Die Abschlusspräsentation war schon längst fertig und es ging nur noch ums präsentieren. Aufgrund des Volumens der Präsentation entschieden wir uns alle zu präsentieren, damit auch dies gleichmäßig verteilt wird und eine Fairness herrscht. Dabei stellte jeder sein bearbeitetes Gebiet vor. Wir hatten zu Beginn Sorge, dass es etwas zu unruhig werden könnte zwischen drin immer zu tauschen, doch es verlief beachtlich harmonisch und ineinandergreifend. Das Feedback war dann eine Bestätigung für uns, dass unsere Mühen sich gelohnt haben. Die Methodische Herangehensweise zwischen der ersten Präsentation und der Abschlusspräsentation hat sich deutlich bei mir verbessert, welches sich dann in dem Resultat wiederspiegelte. Eine strukturierte Vorgehensweise hatte ich zwar davor auch, jedoch hat mir dieses Projekt gezeigt, dass nicht nur die Struktur wichtig ist, sondern, dass es auch zielgerichtet und mit dem richtigen Zeitmanagement erfolgen muss. Als mir nach der erneuten Auftragsklärung klar wurde was Frau A. genau will, habe ich den Fokus nicht verloren. Ich wusste mit welchen Methoden ich mein Thema zielgerecht und im entsprechenden Zeitfenster bearbeiten muss. Daher kann ich behaupten, dass meine methodischen Fähigkeiten sich während dieses Prozesses deutlich entwickelt haben.

3.3 Soziale Reflexion der Gruppendynamik

Unter dem Kapitel der sozialen Reflexion wird beschrieben, wie wir als Team untereinander aber auch mit unserem Umfeld interagiert haben. Dabei sind wir näher drauf eingegangen, welche Phasen das Team durchlaufen hat, wie wir mit der Gruppendynamik umgegangen sind und letztlich wie sich das Team über die gesamte Projektdauer entwickelt hat. Um all diese Punkte genauer erläutern zu können, müssen zunächst einmal die theoretischen Hintergründe der Teamentwicklung sowie die Teamrollen dargestellt werden. Anschließend folgt der Transfer dieser theoretischen Inhalte auf unser Team.

3.3.1 Phasen der Teamentwicklung nach Bruce W. Tuckmann

Bruce W. Tuckmann ist der Überzeugung, dass ein Team im Laufe der Zeit unterschiedliche, voneinander abgegrenzte Phasen der Entwicklung durchläuft. Jeder dieser Phasen hat seine eigene Charakteristik. Dies stellte er anhand eines Modelles dar, welches er in den 60er Jahren mit zunächst vier Phasen entwickelte und diese dann in den 70er auf fünf Phasen erweiterte. Es entstand das fünf Phasenmodell der Teamentwicklung. Nachfolgend werden die Phasen einzeln erörtert:

Formingphase:
Im Fokus der Formingphase steht in erster Linie, das gegenseitige Kennenlernen der Set Mitglieder. Jedes Teammitglied ist auf der Suche nach seiner Position sowie seiner Rolle die er im Team einnehmen kann. Die Herausforderung besteht hier, seine Unsicherheit zu überwinden und als frisch zusammengesetztes Team, eine grobe Zielstruktur zu entwickeln.

Storminphase:
Einer der Hauptaufgaben der Stormingphase ist es, alle Ziele offenzulegen. Hierbei werden auch die unterschiedlichen Intentionen der Teammitglieder deutlich. (vgl. Scheithauer, 2011,

S.59) Rollenverteilungen werden klarer und es entstehen die ersten Machtkämpfe im Team. Wichtig ist hier eine gute Kommunikation aufrechtzuerhalten und Konflikte in einem bestimmten Maß zu unterstützen, jedoch es nicht ausarten zu lassen. (vgl. https://teamentwicklung-lab.de/tuckman-phasenmodell)

Normingphase:

Diese Phase dient der klaren und gemeinsamen Zielvereinbarung innerhalb des Teams. Jeder wird sich seiner Rolle sowie seiner Position bewusster. Es werden Kompromisse eingegangen, welches dazu führt, dass das Profil des Teams immer mehr an Gestalt annimmt und sich zum Ganzen entwickelt.

Performingphase:

Hier geht es nun darum, als ein Team auf die gesetzten Ziele, hinzuarbeiten. Das bedeutet, dass sich die Zusammenarbeit zwischen den Set Mitgliedern intensiviert. Die Kreativität und Flexibilität jedes Mitgliedes nimmt zu, welches nicht zuletzt auf die Atmosphäre der gegenseitigen Akzeptanz, zurückzuführen ist. (vgl. Scheithauer, 2011, S.60)

Adjourningphase:

Diese Phase gilt ausschließlich für Teams die temporär zusammengearbeitet haben. Hier wird hauptsächlich auf den Auflösungsprozess eines Teams eingegangen und wie sich diese verhalten, nachdem sie ein Projekt zu Ende gebracht haben. Es gilt, die Erkenntnisse aus dieser Zusammenarbeit, sicherzustellen und sie zu würdigen. (vgl.https://teamentwicklung-lab.de/tuckman-phasenmodell)

Transfer auf das Team „Go Digi"

Formingphase:

Unser neu zusammengesetztes Team schien zu Beginn etwas reserviert und schüchtern. Alle waren einander fremd und hatten zuvor nie was miteinander zu tun. Was die Distanz zwischen uns allen, erklärte. Wir fingen nacheinander an uns vorzustellen und es begann quasi unsere Kennenlernphase. Wir führten zunächst einen Smalltalk und erzählten uns gegenseitig wo wir herkommen, wie alt wir sind und was wir beruflich machen. Man merkte jedoch, dass einige sich hinter höflichen Floskeln versteckten während andere sich ehr aus den gemeinsamen Gruppengespräch rausnahmen und die Situation von außen beobachteten.

Mir persönlich fiel es sehr leicht Anschluss an die Gruppe zu finden. Ich bin immer wieder mit Fragen an jedes Mitglied zugegangen und habe versucht zwischen allen zu vermitteln um die Gesamtstimmung aufzulockern. Wir sprachen über die Verteilung der Teamrollen um eine Struktur in die Gruppe zu bringen und jeden seiner Rolle bewusst zu machen.

Stormingphase:

Unser Team war eine Mischung aus vielen verschiedenen Charakteren mit unterschiedlichen Ausprägungen. Was jedoch nicht ein Nachteil war sondern ganz im Gegenteil. Wir glichen uns alle gegenseitig aus. Es herrschte eine überwiegend harmonische Stimmung zwischen uns. Jeder fing an sich so langsam auf ihre Rollen einzustimmen. I.H war unsere Projektleiterin, zu Recht, denn sie strahlte eine Art Ausgeglichenheit und Selbstsicherheit aus, was sich auf den Rest des Teams sehr positiv auswirkte und als eine Art Gleichgewicht zwischen uns allen fungierte. Doch eines fiel uns allen gleich zu Beginn auf, dass A.P es uns allen nicht ganz so leicht macht. Sie versuchte sich stets als eine Art Führungsperson zu verhalten und versuchte immer wieder das Ruder an sich zu reißen. Sie war außerdem sehr bestrebt darin, ihre Meinung durchzuboxen, weshalb es einige Male, Konflikte in unserem Team auslöste.

Normingphase:

Nachdem sich jeder in seiner Rolle zurechtfand und sich voll und ganz drauf einließ, gelang es auch A.P sich so langsam zu besinnen und jeden seine Rolle spielen zu lassen. Wir stellten alle gemeinsam Regeln für die weiterer Zusammenarbeit auf an die jeder verpflichtet ist sich zu halten, sobald er den Regeln zugestimmt hat. Dieser Schritt führte uns zu einer vollkommen gegenseitigen Akzeptanz, was die äußerst angenehme Atmosphäre in unserer Gruppe in den nächsten Level brachte. Die anfänglichen Machtkämpfe sowie Konflikte zwischen dem Rest der Gruppe und A.P wurden bei Seite gelegt. Und erst jetzt entwickelte sich zunehmend eine Gruppendynamik, wie für uns alle klar erkennbar war. Es fing eine rege und produktive Zusammenarbeit zwischen den Set Mitgliedern an. Es wurden gemeinsam Ideen gesammelt und ausgewertet, jeder gab seine Meinung ab, welches uns ermöglichte die Ideen aus allen Seiten zu betrachten und das sinnvollste auszusuchen. Mit jedem weiteren Schritt Richtung Ziel wuchs unser Zusammenhalt im Team an. Natürlich ging dies nicht ohne gute Kommunikation und hin und wieder mussten wir auch Kompromisse eingehen. Den Informationsfluss und die Kommunikation im Team aufrecht zu erhalten war meine Aufgabe, welches ich zu Beginn nicht ganz so nachgekommen bin, sich aber im Laufe der Projektes immer mehr verbesserte. Ich war sehr positiv überrascht wie sehr sich alle Teammitglieder gegenseitig unterstützen und somit die Grundbausteine eines erfolgreichen Projektes, setzten.

Performingphase:

In der Performingphase ging die eigentliche Arbeit erst los. Hier bildeten sich jedoch nach kurzer Zeit kleine Gruppen innerhalb des Teams. Der Arbeitsaufwand war recht hoch und als wir anfingen uns Punkt für Punkt durchzuarbeiten, entwickelten sich innerhalb des Teams unterschiedliche Meinungen die nicht ausdiskutiert sondern einfach umgangen wurden. Da wir unter Zeitdruck standen, wollte jeder so schnell wie möglich vorankommen und empfand jegliche Diskussion außerhalb der zu bearbeiteten Inhalte, als unnötig. Dabei war es wichtig, immer offen miteinander zu reden und auf einem gemeinsamen Nenner zu kommen. I.H bildete mit C.K eine Gruppe während F.K und I.S ihre bildeten. Beide Grüppchen redeten über das gleiche Thema mit unterschiedlichen Ergebnissen. Dies war aber nicht der Sinn dieser Arbeit, sie kapselten sich alle ab, weil sie der Konfrontation aus dem Weg gehen wollten. A.P und ich versuchten die Gruppe wieder zusammenzuführen und an allen Ergebnissen zusammenzuarbeiten. Dies gelang uns zum Schluss hin auch, da der Rest der Gruppe eingesehen hat, dass sie mit unterschiedlichen Ergebnissen nicht einfach weiter machen konnten. Und so schlossen wir uns wieder zusammen und diskutierten alles aus bis wir eine Lösung gefunden haben. Nach der Überbrückung dieses Konfliktes, ging es wieder rasant bergauf mit unserer Leistung. Jedes Teammitglied erhielt sein Arbeitspaket, an das er gearbeitet hat. Kam einer mit seiner Aufgabenstellung nicht klar wie z.B. I.S, halfen ihm die anderen Teammitglieder wie z.B. ich oder I.H. Jeder unterstützte jeden bei ihren Tätigkeiten und wir gaben uns Tipps und neue Anregungen. Die Präsentationen wurden von uns zusammen erstellt, weshalb es uns gelang sie in so kurzer Zeit fertigzustellen. Kamen dennoch ab und an Meinungsverschiedenheiten auf, wie z.B. als kurz vor der Abschlusspräsentation A.P ihr Arbeitspaket unvollständig abgab, habe ich als Kommunikationsleiterin versucht immer zu vermitteln und zu helfen dieses Problem zu lösen. Ich bat A.P den Rest der Arbeit fertigzustellen und an I.H weiterzuleiten und setzte ihr dabei eine Frist um nicht unter Zeitdruck zu geraten. Leider mussten wir einige Tage danach feststellen, dass sich A.P komplett aus der Gruppe entfernte und das besprochene Arbeitspaket nicht abgab. Das Team und ich sahen uns gezwungen dies unserem Dozenten zu melden, da A.P über die gesamte Projektzeit kaum was beigetragen hat. Doch Letzten Endes gelang es dem Rest von uns, uns an die Regeln zu halten, uns gegenseitig zu unterstützen und

Konflikte auf richtigem Wege zu lösen. All das hat zu einer erfolgreichen Abschlusspräsentation geführt.

Adjourningphase:

Nach der Abschlusspräsentation und dem Feedback, löste sich unserer Gruppe auf. Jedoch haben wir unsere Whatsapp Gruppe und schreiben uns weiterhin privat.

3.3.2 Teamrollenverteilung nach R. M. Belbin

Das Modell der Teamrollenverteilung, entwickelt von Dr. Raymond Meredith Belbin, zeigt das Verhalten von Teammitgliedern im gegenseitigen Verhältnis, auf. Dabei geht er auf die starken und schwachen Seiten eines Teams ein und zeigt ebenfalls auf, wie Teammitglieder mit unterschiedlich starken Eigenschaften, zum Projekterfolg beitragen. Den Set Mitgliedern kann man je nach Verhalten, neun verschiedene Rollen zuordnen. Dabei spielt die Zusammensetzung der Rollen für die Effizienz des Teams eine große Rolle. Sind nicht alle neun Teamrollen in einem Set enthalten, muss es nicht zwangsläufig bedeuten, dass das Team schwächer ist. (vgl. Beck & Fisch, 2003, S. 32) Die neun Teamrollen werden in insgesamt drei Gruppen eingeordnet.

Wie folgende Abbildung zeigt:

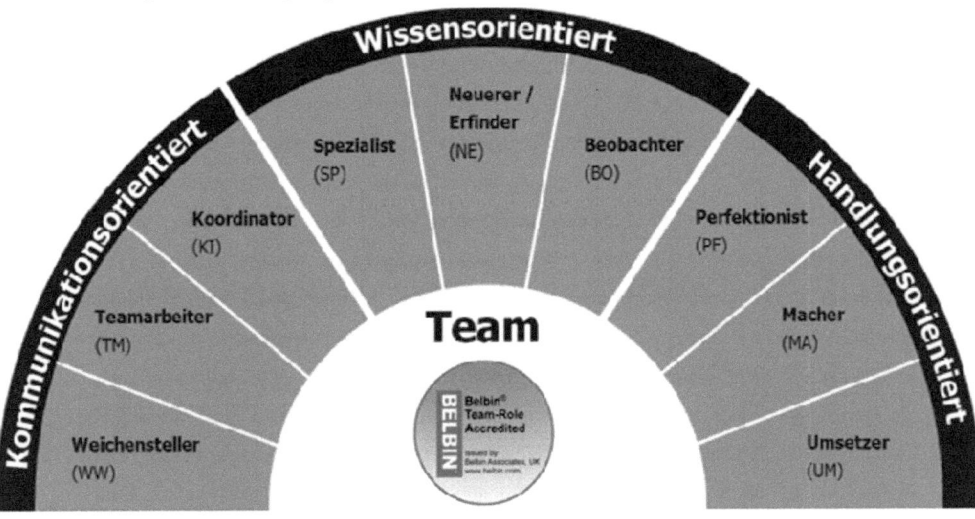

Abbildung 1: Teamrollen nach Belbin (http://www.mahara.at/view/artefact.php?artefact=483230&view=66704)

Kommunikationsorientierte Person:

Die Rolle der Teamarbeiter sowie der Weichensteller waren ganz klar von I.H und C.K besetzt. Sie waren beide sehr kommunikativ und trieben das Team an. Es wurde eine klare Struktur von beiden im Team, geschaffen. Sie hörten stehst zu, waren immer offen für neue Anregungen und unterstützen das Team in jeder Hinsicht. Sie bereiteten Inhalte vor, um die weiteren Arbeitsschritte fürs Team zu erleichtern.

Die Rolle des Koordinators fiel auf I.H und mich. Wir waren stets bemüht alle Aufgabenpakete mit dem entsprechenden Zeitvorgaben, fair zu verteilen. Wir kannten die Stärken und Schwächen der Teammitglieder und wussten wem wir was und wie viel aufbürden konnten. Wir haben ebenfalls versucht auftretende Konflikte sowie Meinungsverschiedenheiten zu lösen und das Team wieder in die richtige Richtung zu bringen, gerade wenn zwischendrin Ablenkungen herrschten.

Wissensorientierte Person:

Die Spezialisten unseres Teams waren I.H und C.K. Beide beschäftigen sich nicht nur mit ihren eigenen Aufgabenpaketen, sondern hatten auch immer einen Überblick über die Arbeitspakete der anderen und wussten stehst über alle Themen Bescheid. Die bereiteten alle wichtigen Inhalte stichpunktartig aus und verteilten diese dann im Team. Sie waren in der Lage die komplette Präsentation alleine zu halten, da sie sich in all den Aufgabenfeldern auskannten. Genauso waren sie in ihren eigenen Gebieten unübertreffbar. Man könnte fast denken beide hätten in dem Gebiet bereits erste Erfahrungen gesammelt. Sie besaßen ebenfalls die technischen Fähigkeiten aus den zusammengeführten Arbeitspaketen eine überaus professionell aufbereitet Präsentation zu erstellen.

Die Erfinder I.S und F.K waren die kreativen Köpfe unserer Gruppe. Sie haben uns quasi mit ihren Ideen überflutet so dass wir kaum hinterher kamen. Manchmal waren die Ideen etwas zu weit hergeholt, unstrukturiert und wurden wild durch den Raum geworfen. Doch aus diesem Pool der Ideen konnte der Rest des Teams durchaus profitieren. Denn wir suchten dann die besten Ideen heraus. Sie passten sich den neuen Gegebenheiten gut an und entwickelten bei Änderungen sofort neue Ideen. An dem Durchsetzungsvermögen jedoch fehlte es etwas.

Mit der Rolle des Beobachters kann ich mich sehr gut identifizieren. Ich habe keine zu große Euphorie sondern betrachte die Dinge oft realistisch und auch etwas kritisch. Ich filterte oft die Ideen und Informationen die alle auflisteten und ging immer sehr systematisch an die Sache ran. Ich wusste, wann sich mein Team zu viel vorgenommen hatte und versuchte sie dann etwas zu bremsen. Bei Konflikten oder Auseinandersetzungen analysierte ich die jeweiligen Personen und Situationen und versuchte immer die beste Lösung vorzuschlagen. Sah ich, dass jemand sich verzettelte oder sich nicht richtig mitteilen konnte bzw. seine Idee nicht verständlich rüberbringen konnte, half ich ihm, indem ich es für die Gruppe verständlich machte.

Handlungsorientierte Person:

Die Perfektionisten der Gruppe waren I.H und C.K. Kein Rechtschreiberfehler, Punkt oder Komma entging den beiden. Beide erbrachten immer optimale und fehlerfreie Ergebnisse. Bei der Präsentation achteten sie ganz penibel auf eine einheitliche äußere Form. Sie versuchten stets alle Informationen aufzunehmen damit keine Lücken entstehen können.

Die Macher und Umsetzer erkenne ich jedoch in fast allen Mitgliedern des Teams. Fast alle erfüllten ihre Aufgaben sehr gewissenhaft. Hielten sich an die Zeitvorgabe und gaben pünktlich ab. Wir gingen auch alle sehr gut mit dem Zeitdruck um und brachten trotz dessen, gute Leistungen. Hürden packten wir alle gleichermaßen zusammen an und haben sie überwunden. Wir setzten alle Änderungswünsche im gleichen Masse gut um.

Die einzelnen Teammitglieder in den jeweiligen Rollen zu verteilen ist oft eine schwierige Aufgabe. Oftmals kennt man in so kurzen Projekten alle Teammitglieder persönlich nicht so gut, um sie entsprechend sicher einordnen zu können.

3.4 Soziale Reflexion der Interaktionen mit dem Projektumfeld

Wie im Laufe dieser Arbeit bereits mehrmals erwähnt wurde, wurde gleich zu Beginn der Projektarbeit eine Whatsapp Gruppe errichtet. Dieser diente dazu, die Kommunikation zwischen unseren Teammitgliedern aufrecht zu erhalten. Um bei Bedarf sich schnell und unkompliziert austauschen zu können. Dieser Informationsaustausch ersteckte sich von jeglichen Änderungen des Projekts bis hin zu künftigen gemeinsamen Treffen. Und wenn nicht das, dann wurde der Kanal dazu verwendet sich gegenseitig immer auf den neusten Stand zu bringen.

Was die Kommunikation außerhalb des Teams betraf, wie etwa mit unserer Auftraggeberin Frau Adorf, wurde alles von mir gesteuert, da mir die Rolle der Kommunikationsleiterin zuteilwurde. Der E-Mailaustausch zwischen Frau Adorf und mir verlief immer reibungslos. Die Tatsache, dass Frau Adorf immer sehr schnell reagierte und recht zügige Antworten gab, kam dem Projekt sehr zugute. Den dadurch war es uns möglich, ohne große Verzögerungen, an unserem Projekt weiter zu arbeiten und diese zeitgerecht fertigzustellen. Die Wichtigkeit eines Kommunikationsleiters wurde uns hier richtig bewusst, denn hätte jedes Teammitglied gesondert, Fragen an Frau Adorf geschickt, hätte es nur Chaos verursacht. Auf diese Weise gingen alle Fragen gebündelt durch mich an Frau Adorf und auch umgekehrt, alle Antworten über mich an das Team.

4. Überlegungen und Maßnahmen zum Transfer auf zukünftige Projekte

4.1. Handlungsfelder bezüglich Projektleitung und Projektmitarbeit

Bei der Auswahl unserer Projektleitung bin ich größtenteils zufrieden. I.H war eine sehr kompetente, gradlinige und äußerste faire Projektleiterin. Sie war fachlich wie auch menschlich gesehen die beste Wahl dieses Projekt zu leiten. Sie setzte ihre Aufgaben stets zufriedenstellend um, nahm Rücksicht auf die individuellen Stärken, Schwächen und Situationen anderen Teammitgliedern und versuchte dabei immer fair zu agieren. Zusätzliche Arbeiten die während des Projektes anfielen und sich andere damit überfordert sahen, nahm sie immer auf ihre eigene Kappe und versuchte uns so zu entlasten. Sie koordinierte und vermittelte unteranderem auch zwischen uns und versuchte immer die Balance im Team aufrecht zu erhalten. Gleichzeitig gab sie den anderen Teammitgliedern niemals das Gefühl sie stände über ihnen, sondern begegnete uns allen auf eine Augenhöhe. Die einzigen Kritikpunkte an ihr waren, ihr etwas zu geringes Durchsetzungsvermögen und ihre Fähigkeit auch mal Nein zu sagen. Oftmals machte sie überaus gute Vorschläge und brachte tolle Ideen auf dem Tisch. Doch leider gelang es ihr sehr selten diese auch durchzusetzen. Sie ließ sich zu einfach abschrecken von den Ideen anderer und steckte oftmals in Situationen zurück, wo man ehr Entschlossenheit und Standhaftigkeit erwarten würde. Bürgte ihr das Team zusätzliche Aufgaben auf, versuchte sie es nicht auf alle Teammitglieder zu verteilen, sondern nahm es auf sich um eventuelle Konflikte oder Reibereien zu vermeiden. Doch insgesamt waren wir alle mit der Auswahl unseres Projektleiters sehr zufrieden und würden auch in Zukunft I.H in dieser Rolle sehen.

Was unsere Projektmitarbeit angeht, verlief es nicht immer reibungslos. Zunächst einmal kam es bei der Arbeitsverteilung zu Missverständnissen. Wodurch die Arbeiten durcheinander gebracht wurden und Teammitglieder Arbeitspakete bearbeitet haben die ihnen nicht zugewiesen wurden. Dadurch wurden manche Inhalte doppelt bearbeitet während andere auf der Strecke geblieben sind. Zukünftig würde ich bei den Projekten drauf achten das alle Aufgaben klar und unmissverständlich zugeordnet und verteilt werden. Zum anderen kam es ebenfalls mehrmals vor, dass die Teammitglieder A.P und I.S nicht pünktlich ihre Inhalte geliefert haben. Das hat zusätzlich Druck auf den Rest des Teams ausgeübt, welches dazu führte, dass wir die unvollständigen Inhalte in die Präsentation mit aufnehmen mussten und die Qualität des Ergebnisses darunter gelitten hat. In künftigen Projekten muss darauf geachtet werden, dass man sich strengsten an die Deadlines und Zeitvorgaben hält und man auch mit Nachdruck an die Sache ran geht. Ebenfalls muss zukünftig drauf geachtet werden das potenzielle Nichtstuer oder Teammitglieder, welche die Arbeit von sich auf andere wälzen, sofort darauf angesprochen werden. In unserem Team agierte leider A.P auf diese Weise. Sie ließ sich vom Team mittragen und erbrachte fast keinerlei Leistung. Unser Fehler im Team bestand darin, dies nicht gleich angesprochen zu haben um das Problem zu lösen, stattdessen wurde erst im Nachhinein gehandelt. Generell funktionierten wir als Team sehr gut, hatten stets Spaß und es herrschte immer eine angenehme Atmosphäre. Wir unterstützen uns alle gegenseitig, waren bereit auch mal mehr Arbeitsaufwand auf uns zunehmen um den Gegenüber zu entlasten. Zusammengefasst war die Zusammenarbeit sehr harmonisch und produktiv.

4.2 Handlungsfelder hinsichtlich der fachlichen Erarbeitung von neuartigen Problemstellungen

Die Art wie wir alle mit dem neuen Aufgabenfeld umgegangen sind, kann ich nur als positiv bewerten. Wir gingen an den Auftrag sehr strukturiert wie auch zielsicher, ran. Wir analysierten den Auftrag und führten zunächst einmal ein Brainstorming durch. Danach ordneten wir alle notierten Punkte und fasten diese in Kategorien zusammen, woraus sich dann die Struktur für die Aufgabeneinteilung heraus kristallisierte. Der erste Impuls von uns auf genau die Weise vorzugehen, stellte sich im Nachhinein als sehr effektiv heraus, welches ich in zukünftigen Projekten ebenfalls so handhaben würde.

Wir erstellten einen Vorübergehenden Plan mit allen Arbeitspaketen um einen Gesamtüberblick zu erhalten. Dies verschaffte allen Teammitgliedern eine Übersicht, wie die Größe des Projektes aussah und wie viele Inhalte es zu bearbeiten gibt. Dadurch viel wiederum die Arbeitsaufteilung leichter, da jeder die Inhalte - mit Absprache des Teams- gewählt hat in dem er sich selbst, fachlich am besten dazu in der Lage sah, es zu bearbeiten.

Die Arbeitspakete fielen zufälligerweise sehr unterschiedlich aus, so dass für jeden was dabei war. War unser Team in manchen Bereichen etwas überfragt, verließen wir uns auf unser Gefühl, was nicht immer gut gegangen ist. Besser wäre es gewesen sich zu informieren, es zu recherchieren oder einfach nachzufragen. Zwischenzeitlich kamen wir nach der ersten

Präsentation ins Schwanken. Da das Feedback nicht so gut ausfiel wie erwartet. Wir ließen uns aus dem Konzept bringen und saßen zunächst erst mal ratlos da. Für die Zukunft würde ich Feedbacks etwas nüchterner aufnehmen und versuchen es nicht auf sich persönlich zu beziehen. Kritik ist immer wichtig und es sollte einen nicht erstarren lassen, sowie wie uns in der Zwischenpräsentation, sondern sollte gleich als Motivation aufgenommen werden es beim nächsten Mal besser zu machen. Dennoch rafften wir uns nach einer Phase des Tiefs, wieder auf und machten uns an die Arbeit.

4.3 Handlungsfelder bezüglich Gestaltung effektiver sozialer Interaktion

Die soziale Interaktion innerhalb des Teams war aus meiner Sicht der Bereich, der mitunter am besten verlief. Unser Team verstand sich gleich auf Anhieb. Wir brauchten lediglich eine kurz Aufwärmphase um uns Kennenzulernen und schon waren wir miteinander so vertraut als ob wir uns alle schon ewig kennen würden. Bei der Verteilung der Arbeitspakete wurde immer drauf geachtet, dass die Wünsche jedes Teammitgliedes berücksichtig wird.

Nach jedem Treffen, funktionierte das Team immer besser und jeder kam immer mehr mit seiner Rolle zurecht. Man konnte beobachten, wie sich jeder über die Projektzeit weiter entwickelte. Es herrschte meisten immer eine offene Kommunikation zwischen uns. Auch in den Phasen zwischen den Präsenzen wurde immer der Kontakt zwischen den Teammitgliedern aufrechterhalten und regelmäßig gepflegt. Stellte einer in der Whatsapp Gruppe eine Frage oder Sprach ein Anliegen aus, ließen die Antworten nicht lange auf sich warten. Auch Updates wurden über diesen Kanal regelmäßig miteinander ausgetauscht, damit jeder wusste wie weit jedes Teammitglied ist. All dies trug dazu bei, eine harmonische und ausgeglichene Atmosphäre im Team zu schaffen und beizubehalten. Es gab während des Projektes auch einige Krankenfälle, worauf das Team immer Rücksicht genommen hat und Verständnis gezeigt hat. Kam es dazu, dass ein Teammitglied aufgrund dessen während der Präsentation gefällt hat, haben sich die anderen Teammitglieder zusammen getan und dessen Anteil ausgearbeitet bzw. auch präsentiert. Niemand hatte das Gefühl von Ausgrenzung oder das er anders behandelt wird wie die anderen. Aufkommende Konflikte wurden meisten offen und ehrlich angesprochen und letzten Endes auch auf eine sehr konstruktive weise geklärt. Waren Teammitglieder unterschiedlicher Meinungen, wurde es oft ausdiskutiert. Hin und wieder jedoch um Konflikte aus dem Weg zu gehen und keine großen Diskussionen auszulösen, bildeten einige Teammitglieder untereinander Grüppchen. Dies führte jedoch dazu, dass wir nicht produktiv arbeiten konnten und uns dadurch Zeit verloren ging. Für die Zukunft sollte darauf geachtet werden, Konfrontationen nicht auszuweichen und die

Kommunikation im Team über die gesamte Projektdauer beizubehalten. Es kann sonst passieren, dass sich diese Grüppchen mit der Zeit vollkommen aus dem Team abkapseln und ohne jegliche Absprache mit dem Team, ihr eigenes Ziel verfolgen. Die Folgen die sich daraus ergeben könnten, wären verheerend für den Erfolg eines Projektes. Sehr positiv fiel mir auf, dass wir immer den anderen haben ausreden lassen. Dies gehörte zu den Regeln die zu Beginn im Team aufgestellt wurden und an die sich ausnahmslos über die gesamte Projektzeit, jeder gehalten hat. Die Aufstellung von Verhaltensregeln zu Beginn des Projektes würde ich auch für zukünftige Projekte, beibehalten.

Zusammengefasst kann man sagen, dass sich das Team im Bereich der sozialen Interaktion stets Vorbildhaft verhalten hat und jeder im Team seine Kompetenz noch weiter ausbauen konnte.

4.4 Handlungsfelder bezüglich meiner Unterstützung gruppendynamischer Prozesse

Betrachte ich meine Leistung als Teil des Teams und auch als Kommunikationsleiterin, kann ich rückblickend sagen, dass ich jeder Zeit versucht habe mein Bestes zu geben. Zu Beginn war ich zwar etwas zurückhaltend, da ich die anderen Projektkollegen nicht kannte. Doch wie bereits vorher schon erwähnt, bedarf es nur einer kleinen Kennlernphase um das Eis nicht nur zu brechen sondern auch zum Schmelzen zubringen. So schnell wie die Auftauphase ging, so schnell fügte ich mich in die Gruppe ein. Ich brachte stets neue Ideen und Vorschlägen in das Team mit ein. Achtete sehr drauf, andere aussprechen zulassen sowie auch Teammitglieder die noch nicht ganz so bereit für eine Interaktion waren, miteinzubinden. Ich unterstütze das Team in jeder Angelegenheit und versuchte so gut wie möglich den Informationsfluss zwischen mir und meinen Kollegen, aufrechtzuerhalten. Als Kommunikationsleiterin war ich jeder Zeit für das Team wie auch für Frau Adorf erreichbar. Gab es Konflikte, Meinungsverschiedenheiten oder Reibern zwischen dem Team, war ich stets präsent und versuchte zu vermitteln. Als es um eine gemeinsame Ausarbeitung von Arbeitspaketen ging, wie z.B. mit I.S oder auch F.K, bot ich immer meine Hilfe an und hielt sie auf dem Laufenden was meine Ergebnisse anging. Ich war über die gesamte Projektdauer, bereit mehr Arbeitsaufwand auf mich zu nehmen, wenn es notwendig war. Ich bin ein sehr offener, hilfsbereiter und auch kommunikativer Typ der sehr anpassungsfähig ist. Ich habe versucht mich den anderen Teammitgliedern anzupassen und auf ihre Wellenlinie zu agieren. Weshalb ich der Meinung bin, dass ich, wie die anderen Kollegen auch, eine eigene Dynamik mit ins Team gebracht habe. In manchen Situationen in denen ich bemerkte, dass sich Grüppchen bildeten versuchte ich kurzzeitig die Führung zu übernehmen um diese Grüppchen wieder zu einem Team zu vereinen. Dennoch versuchte ich nie zu dominieren.

Durch dieses Projekt konnte ich nicht nur meine sozialen Kompetenzen weiterentwickeln, sondern lernte mich ebenfalls ein Stück besser kennenlernen. Ich reagierte in Situationen in denen ich noch nie vorher war, zu meiner Überraschung, sehr selbstbewusst und auch bestimmt. Es gelang mir ebenfalls Ideen von denen ich überzeugt war, durchzusetzen. Diese erwiesen sich dann auch als sehr positiv und fördernd auf das Projektergebnisse. Ich habe Eigenschaften an mir entdeckt, von denen ich dachte, sie wären noch nicht in diesem Maße ausgereift. Ab und an mal die Führung zu übernehmen, Konflikte erfolgreich zu bewältigen, zwischen den Teammitgliedern zu vermitteln und gleichzeitig darauf zu achten selbst im Informationsfluss zu bleiben, haben mir definitiv geholfen mich weiterzuentwickeln, mein Wissen zu vermehren und neue Erfahrungswerte zu sammeln.

Insgesamt hat mir das Projekt an sich auch sehr gut gefallen und äußerst Spaß gemacht.

5. Fazit

Die Auswahl des Arbeitgeber System worx wie auch der Auftrag selbst, waren für diesen Kurs eine äußerst gute Wahl. Dadurch gelang es uns einen tiefen Einblick über das Unternehmen und ihre Programme die sie anbieten, zu erlangen, da wir besonders als angehende Wirtschaftspsychologen in der Zukunft den einen oder anderen Berührungspunkt mit diesem Bereich haben werden. Was ebenfalls sehr fördernd war, war das es sich nicht um einen fiktiven Arbeitgeber gehandelt hat, sondern um eine reale Firma mit einem realen Auftrag. Dies hat uns noch mehr angespornt unser Bestes zu geben und den Auftrag nicht auf die leichte Schulter zu nehmen bzw. dem Ganzen die richtige Einstellung entgegen zubringen. Während des Projektes konnte ich wertvolle theoretische wie auch praktische Erfahrungen sammeln. Dieses Repertoire an Erfahrungen, dienen mir für die Zukunft als eine Art Fundament auf die ich mein weiteres Projektwissen aufbauen kann. Darüber hinaus konnte ich sehr gewinnbringende Erfahrungen sammeln, wie man am besten in einem Team funktioniert. In der gesamten Projektzeit konnte ich beobachten wie unser Team sich im Ganzen weiterentwickelt hat und was unteranderem mein Beitrag dazu war. Ich lernte wie ich mich in gewissen Situationen zu verhalten habe um die Balance im Team aufrechtzuerhalten. Wann es nötig war die Zügel in der Hand zu nehmen oder wann ich unterstützend und rücksichtsvoll agieren musste. Tatsächlich fand ich mich während des Projektes in verschiedenen Rollen wieder, in die ich in unterschiedlichen Zeiten schlüpfen musste. Alles in einem waren alle Erfahrungen ob positive oder negative eine große Bereicherung für meinen zukünftigen Weg.

Zwischenpräsentation:

BLINK.IT

Funktionen:
- Verknüpfung von Präsenztraining und Online-Begleitung
- Möglichkeit der Kontaktaufnahme mit Teilnehmern und Trainer
- Nutzung als App möglich
- Inhalte sind jederzeit für Teilnehmer abrufbar
- Breitstellung von digitalen Kursinhalten zur Unterstützung des Lernprozesses
- Hoher Benutzerfreundlichkeit

Zwischenpräsentation für system worx am 03.03.2017

BLINK.IT

Benchmarking:
- ARAMIS GmbH
- Adam Akademie
- Schloter Seminare

Kosten
- Kostenloser erster Kurs
- Preis berechnet sich monatlich nach aktiven Teilnehmern

Zwischenpräsentation für system worx am 03.03.2017

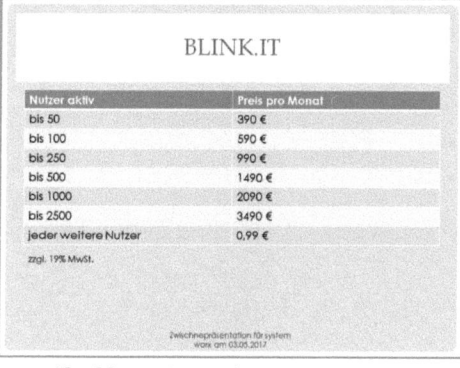

BLINK.IT

Nutzer aktiv	Preis pro Monat
bis 50	390 €
bis 100	590 €
bis 250	990 €
bis 500	1490 €
bis 1000	2090 €
bis 2500	3490 €
jeder weitere Nutzer	0,99 €

zzgl. 19% MwSt.

Zwischenpräsentation für system worx am 03.05.2017

Abschlusspräsentation:

EINFÜHRUNG DIGITALER MEDIEN IN WORKSHOPS

GRUPPE 2 – „GO DIGI" FÜR SYSTEM.WORX

Abschlusspräsentation für system worx am 29.06.2017

GLIEDERUNG

1. Teilschritte
2. Stufen und Grenzen der Digitalisierung
3. Formen der Digitalisierung
4. Konkurrenzanalyse - Benchmark
5. Digitalisierung des Workshops „Stepping into Leadership"
6. Leitfaden zur Digitalisierung von Workshops
7. Plattformenvergleich
8. Handlungsempfehlung

Abschlusspräsentation für system worx am 29.06.2017

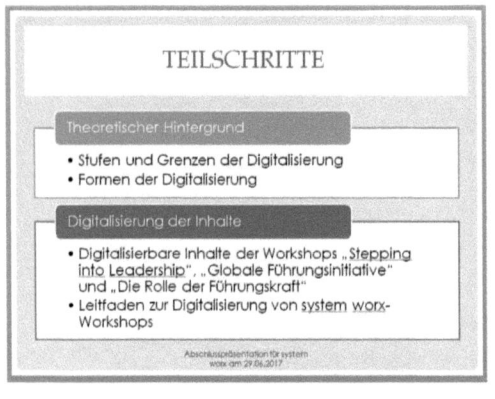

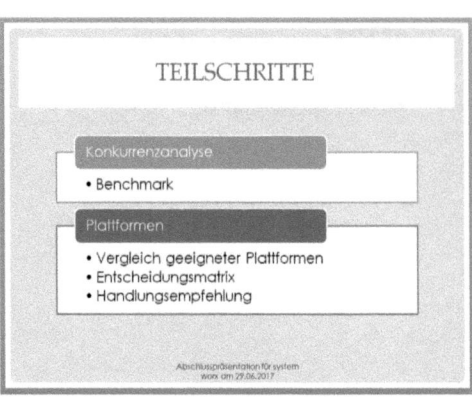

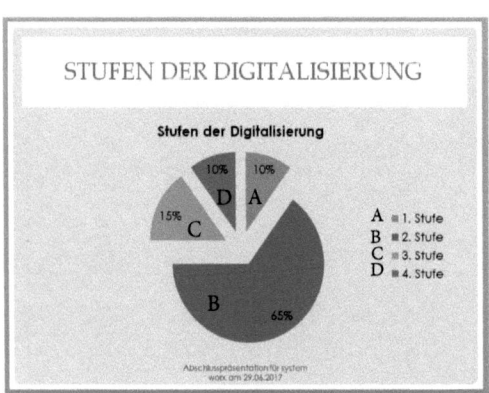

1. STUFE DER DIGITALISIERUNG

- Firmen begegnen Neuerungen nur zögerlich
- Unternehmen gehen eher den traditionellen Weg
- Bestes Beispiel: Vertrieb mit klassischen Außendienst sowie reaktivem Innendienst
- Es existieren weder Unternehmensprofile noch Mitarbeiterprofile auf Xing, Facebook oder anderen sozialen Netzwerken
- Klassische Seminare → Fast ausschließlich über Präsenzveranstaltung mit unterstützendem Einsatz von höchstens PDFs

2. STUFE DER DIGITALISIERUNG

- Reise in die digitale Zukunft oftmals unkoordiniert und planlos
- Bereitschaft und Bewusstsein zur Digitalisierung sind vorhanden
- Verwendung von Accounts auf Xing, Facebook etc. um auf sich aufmerksam zu machen
- Unternehmen machen einiges intern → mäßiger Einsatz von externen Firmen
- In dieser Stufe werden viele kleinteilige, digitale Aktivitäten betrieben → ein Masterplan
- Verwendung von Arbeitsonlineblättern, Videos sowie von Remindern z.B. in Form von Emails

3. STUFE DER DIGITALISIERUNG

- Potentiale der Digitalisierung wurden erkannt
- Die Kombination aus Präsenz und virtuellen Elementen werden immer definierter und besser abgestimmt
- Höhere Aufgeschlossenheit gegenüber externen Firmen zur Unterstützung von virtuelle Elementen in Workshops
- Einsatz von externen Unternehmen für Webinare und Webcasts

4. STUFE DER DIGITALISIERUNG

- Komplette Digitalisierung von Workshops und Seminaren
- Abschaffung von konventionellen Workshops mit Präsenzveranstaltung
- Fokus auf die Zielgruppe die am Nerv der Zeit leben und durchwegs digital unterwegs sind
- Traditionelle Workshoptage bilden die Ausnahme
- Ersatz von klassischen Workshops und Seminare fast hauptsächlich durch z.B. reine virtuelle Klassenzimmer

GRENZEN DER DIGITALISIERUNG

- Erlebnis eines Workshops fehlt
- Kein persönlicher Kontakt zum Coach und zu Kursmitgliedern
- Bestimmte Lerneffekte während des Workshops wie Gruppenarbeiten fehlen → Gedächtnisstütze durch Praxis geht verloren
- Keine Gruppendynamik von der man lernen könnte
- Interaktive Gruppenarbeiten sind nicht möglich

BLINK.IT

Funktionen:

- Verknüpfung von Präsenztraining und Online-Begleitung
- Möglichkeit der Kontaktaufnahme mit Teilnehmern und Trainer
- Nutzung als App möglich
- Inhalte sind jederzeit für Teilnehmer abrufbar
- Breitstellung von digitalen Kursinhalten zur Unterstützung des Lernprozesses
- Hoher Benutzerfreundlichkeit

BLINK.IT

Benchmarking:

- ARAMIS GmbH
- Adam Akademie
- Schloter Seminare

Kosten:

- Kostenloser erster Kurs
- Preis berechnet sich monatlich nach aktiven Teilnehmern

Literaturverzeichnis

Beck, D., & Fisch, R. (2003). Entwicklung der Zusammenarbeit in Teams mit Hilfe des Teamrollenansatzes von Belbin. In S. Strumpf & A. Thomas (Hrsg.), Göttingen, Hogrefe

Scheithauer, Dieter, and COED CASSIDIAN. (2011) "Nachhaltige Entscheidungsfindung im Systems Engineering."

http://www.kompas.bayern.de/userfiles/infokompetenz.pdf Abruf 16.08.2017

https://teamentwicklung-lab.de/tuckman-phasenmodell Abruf 16.08.2017

http://www.mahara.at/view/artefact.php?artefact=483230&view=66704 Abruf 20.08.2017